Le théâtre du collège

VERSION ORIGINALE
LIRE LE FRANÇAIS

Le théâtre du collège

Yoland Simon

27, rue de la Glacière – 75013 Paris
Vente aux enseignants :
16, rue Monsieur-le-Prince – 75006 Paris

Illustrations
Michel BACKÈS
Couverture
François HUERTAS pour HUPPÉ
Composition et mise en page
CND International
Édition
Françoise LEPAGE et Véronique MASURELLE

Chapitre I

Tout a commencé au début du mois de septembre, avec la rentrée. Nous avons retrouvé ce cher vieux collège, un peu tristes à cause des vacances déjà finies, heureux pourtant de nous revoir.

Nous étions réunis dans la cour de récréation*, saluant les anciens copains, avec des «Bonjour, tu vas bien ?», et des «Comment vas-tu, mon vieux ?» et, bien sûr, des «Où t'étais cet été ?».

Mais la vraie question était venue après la première matinée : «Vous avez qui en… ?» «Vous avez qui en maths ? Vous avez qui en allemand ?…» Et nous, les élèves de la Troisième C*, quand on nous demandait : «Vous avez qui en français ?», nous répondions avec un petit sourire satisfait :

– En français ?… Marais !

«C'est pas vrai !», disaient les Troisièmes A, les Troisièmes B, et les autres, tous aussi jaloux. Mais c'était vrai. Notre professeur de français était Marais !

Nous aurions pu avoir Quéméneur ou Potier. Finalement, nous avions Marais !

*
*   *

Le lendemain, nous avons suivi notre premier cours de français.

– Voici donc la Troisième C, a dit Marais en nous regardant longuement.

Et soudain, il a aperçu Leroi.

– Tiens, tiens, des têtes connues…

Leroi a souri.

– Alors, a continué Marais, tu l'aimes ton cher vieux collège, hein ! Tu ne te décides pas à le quitter…

Il se moquait un peu du pauvre Leroi qui redoublait*.

– Bon, a continué le professeur, on a dû vous raconter sur moi… vous raconter… je ne sais quoi… Enfin, je devine… Mais je vous préviens, n'en croyez rien. Cette année…

– Je serai sévère !

C'était Leroi qui finissait la phrase.

– Exactement. Comment le sais-tu ?

– Vous l'avez déjà dit l'année dernière.

– En effet, a dit Marais, je le dis tous les ans, depuis quinze ans, mais cette année je suis décidé. Bien, passons aux choses sérieuses*. Prenez une feuille de papier.

– Nom… prénom… date de naissance…, a murmuré* Sandrine Le Moal.

– Pas du tout, mademoiselle… mademoiselle ?

– Le Moal, monsieur.

– Le Moal… très bien. Tu as un prénom peut-être ?

– Sandrine… Le Moal Sandrine…

– Hé bien, Sandrine, apprends que, chez moi, il n'y a pas à remplir la petite fiche* habituelle avec votre nom, votre prénom, la profession des parents. Non, je vais seulement vous demander de répondre aux quelques questions de monsieur Proust… Qui peut me dire qui est Marcel Proust ?

J'ai levé la main*.

– C'est un écrivain, monsieur. J'ai vu sa chambre au Grand Hôtel de Cabourg. C'est là qu'il a écrit ses livres. J'y suis passé pendant les vacances.

– Parfait, a dit Marais, Cabourg est en effet une très jolie petit ville sur la côte de la Manche.

Dans son questionnaire, le célèbre écrivain nous interrogeait sur nos goûts, nos opinions, notre personne en général. Pendant une heure, nous avons répondu à toutes ces questions. Marais regardait ce que nous écrivions. De temps

à autre, il faisait des : «Bien… Bien… Très bien».
Et on se demandait pourquoi il était si content.

Soudain, il s'est arrêté sur la feuille de
Sandrine Le Moal.

– Ah ! Sandrine, qu'est-ce que je lis ?

– Mais… je ne sais pas, a-t-elle répondu en
rougissant*.

– Je lis… «Loisirs : théâtre».

– Ah, le théâtre, s'est écrié Leroi. On en refait,
monsieur, cette année ?

– Peut-être… peut-être… Mais parlons-en
d'abord… J'espère tout de même que certains
élèves sont allés, au moins une fois dans leur vie,
voir une pièce de théâtre, a dit Marais en riant.

Nous avons presque tous levé la main. En

Quatrième, nous avions eu Leblanc comme professeur de français. Il nous avait emmenés voir *Le Malade imaginaire* de Molière*.

– C'était bien, monsieur, a dit Maréchal.

– Vraiment ? Et tout le monde ici est de cet avis ?

– Oui… Bon… Pas mal…

– C'était à la place d'un cours de maths, a ajouté Maréchal qui faisait toujours l'idiot.

– Ah ! Je vois, a dit Marais, qui n'avait pas l'air content. Avec moi, nous n'irez pas au théâtre pendant l'heure de mathématiques. Vous irez, si vous aimez. Sinon… Sinon, il y a le cinéma, la télévision…

– Ne vous mettez pas en colère, monsieur, a dit Leroi.

– Je ne me mets pas en colère, je veux seulement que vous compreniez. Il faut que vous appreniez à voir, à écouter. Si vous avez envie d'aimer le théâtre, alors vous l'aimerez et ce sera formidable. Demandez plutôt à Sandrine.

– C'est vrai, monsieur.

– Eh bien, raconte. Avec toi, ils vont comprendre.

Et Sandrine Le Moal a raconté.

Le théâtre, c'était toute sa vie, beaucoup plus qu'un plaisir, le bonheur. Deux ou trois fois par mois, elle partait pour Paris et elle voyait de nombreux spectacles avec ses parents ou avec des amies.

Elle aimait bien les salles anciennes, comme

la Comédie française*, le luxe, les lumières, le rideau qui s'ouvre ou se lève. Quelle émotion !… Il y avait aussi les petits cafés-théâtres* et bien d'autres endroits.

Elle a parlé de pièces, d'auteurs que nous ne connaissions pas, des acteurs, et ceux-là nous les connaissions. Des grands acteurs : Jeanne Moreau, Michel Piccoli, Annie Girardot. D'autres, que nous avions vus dans des films. Elle les avait rencontrés. Ils lui avaient parlé.

– C'est pas vrai ! s'est écrié Lenormand. Tu as discuté avec Piccoli ?

– Piccoli, Galabru…

– Piccoli… Galabru… a répété Lenormand, rêveur.

– Oui, des acteurs célèbres, mais aussi tous les autres. Des gens simples. Comme vous ou moi.

– Comme nous, a crié Leroi… Dites, monsieur, on refait du théâtre, cette année ?

– On va voir ça…

– Alors, c'est gagné ! a crié Leroi. On en refait ! Je savais bien qu'on referait du théâtre… J'en étais sûr !

*

*   *

C'est à ce moment que les difficultés ont commencé. Bien sûr, au début, tout le monde a voulu faire partie du club de théâtre. Tout le monde était libre. Tout le monde avait le temps.

Le temps, oui, mais quand ? Le mercredi* après-midi, disaient les uns. Surtout pas, disaient les autres : ils avaient de la danse ou du sport, de la peinture ou du cheval. Alors, le soir, après les cours… Le soir, c'est trop tard, disaient les filles. En hiver, la nuit tombe vite et si les parents ne peuvent pas venir nous chercher, on aura peur de rentrer seules à la maison. On a fini par se mettre d'accord sur le mardi car nous étions libres tout l'après-midi et Marais aussi.

– Monsieur, monsieur, quelle pièce on va choisir ?

– Monsieur, monsieur, est-ce qu'il y aura des rôles pour tout le monde ?

– Est-ce qu'on va donner des représentations* ?

– Où ça, monsieur ?

– Quand, monsieur ?

Marais restait très calme face à toutes ces questions.

– Je crois que vous allez un peu vite. Nous allons d'abord apprendre à nous connaître.

– Mais, c'est déjà fait, monsieur. On est dans la même classe.

– C'est vrai, Maréchal, mais il faut maintenant qu'on se connaisse d'une autre manière. Tiens, commence. Parle-nous un peu de toi.

– Moi ! Oh, là, là… Je ne sais pas moi… je… je…

Pour une fois, cet idiot de Maréchal n'avait rien à dire et riait bêtement. Nous n'avons pas été beaucoup plus bavards. Puis, petit à petit, nous avons appris à parler simplement, à dire ce que nous aimions, ce que nous étions. Comme avec le questionnaire de Proust.

D'autres exercices ont suivi. Avec notre corps. Là encore, il fallait tout découvrir : nos gestes, notre voix, notre souffle. Comment marcher, courir, se tenir droit, placer nos pieds, nos mains. Ah, les mains…, on ne savait vraiment plus où les mettre.

Tout devenait compliqué et beaucoup d'élèves ont commencé à regretter d'être venus au club. Les plus déçus nous ont quittés très vite. Et pourtant, ils n'avaient pas connu les «impros» !

Les improvisations, c'était le plus difficile… Faire la poule qui a perdu ses œufs, le singe qui descend de l'arbre, la tête d'un mouton qu'on va tuer… Oh là là !

Dès les premiers exercices, d'autres élèves sont partis. Notre groupe diminuait.

À la fin, nous n'étions plus que huit.

– Quatre garçons, quatre filles. C'est parfait, a dit Marais. La semaine prochaine, je viens avec une pièce. Les répétitions* commencent.

La sélection était terminée. Nous allions jouer. Nous étions très fiers de nous.

Chapitre II

Il est temps, maintenant, que je vous présente la troupe.

D'abord, il y avait Patricia Lamouche, une petite brune aux yeux rieurs, toute simple, avec ses gros pull-overs, ses baskets* et toujours le même jean... elle devait dormir avec... Et puis il y avait sa grande amie, Nathalie Lenormand une grande et belle blonde, toujours très bien habillée.

Si Patricia ne quittait pas Nathalie, Sandrine, elle, était toujours avec Sandra. Et on se trompait sans cesse entre ces deux-là. Elles se ressemblaient un peu, mais surtout nous mélangions leurs prénoms. Et elles n'aimaient pas ça.

Alors, pour ne plus nous tromper, pour ne pas les mettre en colère, nous avions décidé de les

appeler toutes les deux «Sandrina».

Et elles étaient bien amusantes nos quatre filles, toujours deux par deux...

Restaient les garçons.

Régis Leroi, celui qui redoublait. Maréchal... comment faire sans Maréchal ? Et moi, Pascal... Enfin, on trouvait Martin, Patrick Martin, le fils du professeur d'histoire du collège. Il savait tout sur tout, Patrick. Comme son père. Mais il n'était pas grand et on l'appelait entre nous «Martin petit savant*».

Maintenant, j'ai envie de vous parler encore un peu de Sandrine. Pas Sandrina, pas Sandra, mais bien Sandrine Le Moal, la seule, la vraie.

Sandrine avait beaucoup changé pendant les

vacances. Et, bien sûr, Maréchal aussi l'avait remarqué. Il n'arrêtait pas de la regarder, de lui parler. Ce qu'il pouvait m'énerver ! Et c'est ainsi que j'ai découvert Sandrine, ses yeux, ses cheveux, son sourire, surtout son sourire…

*
*   *

– Je veux que tout le monde joue, mais à égalité, a dit Marais. Chez moi, pas de grands ni de petits rôles ! Seulement des comédiens* qui, dans tout ce qu'ils font, doivent être toujours parfaits.

Marais a sorti un gros paquet de feuilles et il a dit :

– Voilà ! Maintenant on va pouvoir passer aux choses sérieuses.

– C'est la pièce, monsieur ? s'est écrié Martin.

– Pas la pièce, les pièces, a corrigé Marais. Enfin… les scènes que je vous ai choisies.

Marais nous avait préparé un très joli mélange de textes écrits par des auteurs vraiment bien.

Cela permettait de changer souvent de rôle, de lieu. Tantôt, nous étions dans le métro ou au café, tantôt, nous nous promenions sur les boulevards, dans les grands magasins, nous montions dans l'autobus, nous déjeunions au restaurant.

Nous devions aussi faire tous les métiers, des coiffeurs, des artistes*, des dentistes, des épiciers*, des journalistes, des docteurs, des policiers.

Nous étions tous très heureux et nous avons commencé à travailler.

*

* *

Ce jour-là, Marais était en colère.

– Ça ne va pas ! Ça ne va pas du tout !

– Monsieur, on fait ce qu'on peut.

– Vous faites… vous faites… oui, c'est cela, voilà ce que vous êtes, des gens qui font… qui font les acteurs*. Mais on ne sent rien…

– Qu'est-ce qu'on devrait sentir ?

– Ah ! tiens, Martin, puisque tu veux savoir…

– Il veut toujours tout savoir, a dit Maréchal.

– Oui, si tu veux savoir, tu n'es pas bon.

– Oh ! Monsieur, vous êtes méchant, a dit Nathalie.

– Il faut me pardonner, les enfants. Je suis un peu nerveux aujourd'hui, mais… il y a du nouveau…

– Du nouveau ?

Nous étions tous curieux de connaître les dernières informations.

– Oui, du nouveau…

Hé bien, voilà : je suis allé ce matin dans le bureau du principal*. Il venait de recevoir une lettre du ministère de l'Éducation nationale. La lettre parlait de vous. Oui, de vous… Je veux dire… de notre club. Bon, je vous la lis.

18

Et Marais a commencé sa lecture. Et pendant qu'il lisait, nous nous regardions, de plus en plus étonnés.

– C'est pas vrai ! a fini par dire Maréchal.

En effet, ce que Marais venait de nous annoncer était extraordinaire : le ministère nous connaissait et il nous avait sélectionnés.

Il nous proposait, en effet, d'aller au festival d'Avignon où il organisait les premières «Rencontres nationales de théâtre collégien». Dix clubs devaient ainsi se retrouver au festival. Dix collèges, et nous en faisions partie !

– Qu'est-ce que c'est que ça, le festival d'Avignon ? a demandé Leroi.

– Je vous en ai déjà parlé, a dit Marais. C'est un grand festival de théâtre.

– Le festival d'Avignon, a précisé Martin qui connaissait toutes les dates, a été inventé en 1947 par le grand metteur en scène Jean Vilar.

– Avec aussi, a ajouté Sandrine, Gérard Philipe, le comédien qui était si beau.

– À Avignon, a expliqué Marais, il y a des spectacles partout : dans les caves, les églises, les écoles, les garages, les cafés, les lycées, sur les places publiques, et même dans les piscines ! Tous ceux qui veulent peuvent venir. Il faut seulement trouver un endroit pour jouer – ce qui n'est pas trop difficile – de l'argent pour le payer – ce qui est plus difficile –, et des spectateurs pour venir voir –,ce qui est très difficile.

– Si tout le monde a le droit, en effet, pourquoi pas nous, a dit Sandra.

– Mais vous devrez travailler, a dit Marais. Surtout si vous voulez gagner. Car il y aura des prix*.

Des prix ! Nous avons tous commencé à rêver et nous nous sommes mis au travail. Nous avons appris à tout accepter. Les répétitions sans fin, les colères de Marais et revenir le mercredi, puis le samedi et même un dimanche tout entier. Car, lorsque le mois de mai est arrivé, le seul mardi après-midi n'a plus suffi.

Cela faisait un peu peur à ma mère.

– Toujours ton théâtre, disait-elle. J'espère que tu ne vas pas redoubler ta Troisième.

– Ne t'inquiète pas, lui disais-je, je suis bon en maths et en français, j'ai Marais.

Mais, je ne lui disais pas toute la vérité. Je ne lui disais pas que plus nous répétions, plus je voyais Sandrine. À Sandrine, non plus, je n'avais rien dit. Peut-être avait-elle tout deviné. Enfin… C'est ce que j'espérais… qu'elle comprenne d'elle-même.

C'était comme au théâtre, j'avais le trac. Comme une boule dans la gorge qui m'empêchait de lui parler. Et il y avait toujours Maréchal qui n'arrêtait pas de tourner autour d'elle… Ah, celui-là !

Le dernier mercredi de mai, nous avons terminé très tard. Ce jour-là, Sandra n'avait pas pu venir. Son petit frère était malade, elle devait rester avec lui. D'habitude, Sandrine et Sandra rentraient ensemble, car elles habitaient dans le même quartier. Sandrine s'est donc retrouvée toute seule. Marais s'est inquiété :

– Voilà notre Sandrina sans sa Sandrina.

– Ça ne fait rien, a dit Sandrine, ce n'est pas trop loin et il fait encore jour. Je peux rentrer toute seule.

– Non, non, ce n'est pas prudent, a dit Marais. Mais, j'y pense… Pascal… peut-être pourrais-tu la raccompagner ?

Alors, nous sommes partis tous les deux. Lorsque nous sommes arrivés devant sa maison, j'ai réussi à lui parler… de Maréchal. Elle a ri.

– Mon pauvre Pascal, quel idiot tu fais ! Mais,

Maréchal, il est amoureux* de Sandra !

– Non ?

– Si !… Mais toi, tu es jaloux, on dirait…

Elle souriait. Et puis, elle m'a dit très vite :

– Tu es gentil, tu sais.

Et elle m'a mis un petit baiser* sur le nez. Je suis rentré à la maison, en courant. J'étais tout léger. Je souriais, en me touchant le bout du nez.

*

*   *

Nous avons donné une première fois notre spectacle au mois de juin, pour la fête du collège.

Cette fête-là, nous la connaissions. Nous y allions tous les ans depuis la Sixième. C'était plein de professeurs, d'élèves de tous les âges et de parents.

Cette année, pourtant, c'était un peu différent. Nous étions les vedettes de la journée.

Nous avons eu un grand succès. Seul, Marais était en colère.

– Des touristes ! Voilà ce que vous êtes… Des touristes ! Si vous jouez comme ça à Avignon, nous allons être complètement ridicules, c'est moi qui vous le dis.

– Mais… on a été applaudi*…, essayait de dire Maréchal.

– Applaudi… applaudi… Vous avez eu des gens polis* en face de vous. C'est tout !

Marais était dur avec nous. Il n'avait pas tout à fait tort. Sûrs de la gentillesse des spectateurs, nous n'avions pas fait de gros efforts. Dans notre tête, nous étions déjà au festival. Cela mettait Marais encore plus en colère.

– Le théâtre, disait-il, ce n'est pas ça. Le théâtre, c'est respecter le public. Tous les publics, toujours.

*
*   *

La fête passée, il fallait maintenant préparer le grand événement : faire les affiches, les tracts*, enfin tout. Heureusement, monsieur Rallu, qu'on appelait Riton, notre professeur de dessin, est venu nous aider.

Il fallait aussi écrire des textes sur notre pièce. Résumer l'histoire, dire nos intentions.

Il fallait encore organiser le voyage, sans oublier de répéter, «car le théâtre, disait encore Marais, c'est comme les langues étrangères, dès qu'on arrête, on oublie». Mais on n'avait pas envie de s'arrêter.

Chapitre III

Par un beau matin de juillet, nous nous sommes retrouvés sur le quai de la gare. Tous ceux qui prenaient le train, bien entendu. Les autres, c'est-à-dire Régis, Nathalie et Patricia, allaient en voiture avec Marais.

– Faites bien attention à vous, ont dit les parents en nous embrassant*.

On leur a répondu qu'on était assez grand pour voyager seul. Mais ils étaient tout de même inquiets. Surtout la mère de Sandrine. Elle voyait toujours sa fille comme un bébé.

– N'aie pas peur, disait son père, Pascal est là, il fera attention à elle, n'est-ce pas Pascal ?

Avec le TGV*, le voyage n'a pas été très long. Presque trop court, pour moi. Car j'étais, vous l'avez deviné, assis à côté de Sandrine.

On regardait ensemble par la fenêtre : les vignes* de Bourgogne, et les petites églises du Morvan… Après Lyon, nous avons suivi le Rhône, puis atteint la Provence. Au loin, on apercevait les Alpes.

Le soir tombait. Le soleil a disparu derrière les montagnes. Il faisait un peu plus sombre dans le train. J'ai osé m'approcher d'elle et mettre mon bras sur son épaule*. Enfin, Avignon est apparu. Nous étions fatigués, mais si heureux, et il était si doux d'être avec Sandrine, ainsi, joue contre joue.

*
*   *

Avignon !… Le festival !… Quel étonnement ! En sortant de la gare, ce qui surprend d'abord, ce sont les affiches. Il y en a partout ! Dans tous les magasins, sur tous les murs, partout…

Puis, voici la célèbre place de l'Horloge. Là, il y a encore plus de mouvement et de bruit… Un groupe de musiciens africains… Des gens qui se sont arrêtés pour regarder un jongleur*. D'autres qui passent en criant…

Et à tout moment on vous donne des tracts. Des papiers de toutes les couleurs qui présentent des spectacles.

– Quelle ambiance ! s'est écrié Maréchal.

– Jamais je n'ai vu ça, a dit Sandrine, même à Paris.

Nous avions rendez-vous avec le reste de l'équipe au café du Cinévox où Henri, le garçon*, était un grand ami de Marais.

– On va un peu s'occuper du programme, nous a-t-il dit. D'abord vous allez vous installer au lycée Frédéric Mistral, avec tous les autres collèges. Et demain…

– Demain, on répète !

– Pour que tout soit parfait.

– Eh bien, non, voyez-vous… Demain, vous allez un peu visiter la ville. Après, on ira voir quelques spectacles et pour finir, c'est vous qui jouerez !

À cet instant, Henri, le garçon de café, est arrivé, tout heureux de retrouver Marais.

– Mais… vous n'êtes pas venu seul cette année !

– Je vous présente mes élèves, a dit Marais.

– Ah ! ses élèves… il m'en parle de ses élèves… tous les ans… Vous avez bien de la chance d'avoir un professeur comme lui…

Nous avons tous dit oui. Et c'est vrai que nous étions tous d'accord avec Henri.

*
*   *

Le lycée Frédéric Mistral était un endroit très agréable : de vieux bâtiments où il faisait assez frais, et une cour où nous prenions tous nos repas sous les arbres avec les élèves des autres collèges qui venaient d'un peu partout. On les reconnaissait à leur accent. Il y avait des gens du Nord ou des Alsaciens* qui parlaient très lentement, sans se presser, à côté de ceux de Marseille ou de Perpignan* qui allaient plus vite que le TGV.

C'étaient, bien sûr, les Marseillais qui faisaient le plus de bruit. Ils se disputaient toujours avec les Parisiens, se moquaient de tous les autres et surtout de nous, «les petits paysans* de Sainte-Mère Église».

– Paysans… paysans… Ils vont voir ! disait Maréchal.

– Ne les écoutez pas, disait Marais, travaillez, travaillez, c'est le secret de la réussite.

On travaillait, donc. Mais on allait aussi à des rencontres avec des artistes, des comédiens, des auteurs. Martin petit savant prenait des notes. Nathalie photographiait sans arrêt. Sandra demandait des autographes* et Marais parlait à tout le monde.

«Vous aimerez Avignon, comme moi», nous avait dit Marais. Et il avait raison. Comment ne pas aimer cette ville ? Comment ne pas aimer le magnifique Palais des Papes ? Comment ne pas aimer les églises, et les remparts* entourant la ville ? Et le pont qui s'arrête au milieu du fleuve et sur lequel, disait la chanson, on dansait tous en rond*.

Sur la place de l'Horloge, il y avait toujours

quelque chose à voir. Des comédiens passaient en criant, costumés, ou portant des masques. Ils sautaient, dansaient, chantaient, faisaient les fous.

Chaque jour, nous avions l'impression de vivre une semaine. Avec tous ces événements, je ne sais pas par quoi commencer. Peut-être par la représentation au Palais des Papes, dans la Cour d'Honneur.

Marais avait réussi à nous trouver des places pour le grand spectacle, *Les Fourberies de Scapin*, une pièce de Molière. Nous avons d'abord pensé : «Du Molière !… comme dans les cours de français…» Nous avions bien tort car cette fois, c'était bien différent : il y avait

Daniel Auteuil, que nous avions tous vu au cinéma ou à la télévision.

– Daniel Auteuil ! s'écriait Patricia qui l'adorait, on va le voir maintenant ?

– Lui et d'autres, répondait Marais qui aimait presque tous les comédiens.

Il faut que je vous parle aussi de la Cour d'Honneur. Quelle émotion ! Les gens entrent par centaines. Il faut monter un escalier de bois pour trouver sa place, parmi les milliers de sièges. Une fois assis, vous voyez en face de vous la haute muraille* du Palais des Papes. Et, soudain, vous entendez des trompettes qui sonnent au loin, dans la nuit. Le silence se fait et tout commence. À la fin, le public enthousiaste se lève et applaudit, debout, pendant de longues minutes.

– Ah, monsieur, c'était bien, a dit Nathalie.

– Et Auteuil, il est formidable, n'est-ce pas monsieur ? a ajouté Patricia.

Le lendemain de cette grande soirée, nous nous sommes retrouvés à quinze ou seize, dans une cave étroite et sombre, pour écouter un jeune comédien.

Cela changeait de la Cour d'Honneur, c'était autre chose. Un autre plaisir.

L'acteur était très sympathique. Il est venu nous voir après le spectacle et on a remarqué qu'il faisait comme tous les garçons du collège ! Il riait avec Patricia et il regardait Nathalie.

Bien sûr, les soirées se terminaient chez Henri,

au bar du Cinévox. Sans arrêt on venait saluer Marais.

– Monsieur, tout le monde vous connaît ici !

– Presque tout le monde, précisait Henri. Il vient depuis tellement longtemps.

– Dix ans, disait Marais. Hé oui, c'est mon dixième festival.

*
*   *

Le grand jour approchait. La cour du lycée Frédéric Mistral était devenue plus bruyante encore. Tout le monde était un peu nerveux.

On entendait dire que les Alsaciens et les élèves d'un collège de la région parisienne, Antony, étaient très bons. Les Marseillais paraît-il, n'étaient pas mal non plus. Mais on parlait aussi de nous.

– Cela ne m'intéresse pas. Encore une fois, travaillez !… travaillez ! C'est le grand secret pour…

Et, comme d'habitude, nous ajoutions : «Pour que tout soit parfait !»

– C'est promis, monsieur, a dit Nathalie en prenant encore une photo.

C'est pourtant Nathalie qui nous a fait une très grosse peur. La veille* des premières représentations, nous devions faire notre dernière répétition à cinq heures. Au moment de commencer… surprise. Pas de Nathalie !…

Marais était très en colère.

– Je n'aime pas ça !… Je n'aime pas ça du tout !… répétait-il.

Nous avons regardé Patricia. Elle devait savoir, car elles étaient toujours ensemble. Malheureusement, Patricia ne savait rien.

– Je ne l'ai pas vue ce matin, a-t-elle dit. Elle s'est sans doute levée très tôt… Quand je me suis réveillée, elle était déjà partie… Pourtant…

– Pourtant… Pourtant quoi ? ont demandé Sandrine et Sandra.

– Hé bien… d'habitude… vous connaissez Nathalie… elle aime bien dormir… alors, je ne comprends pas…

– Il faut aller place de l'Horloge, a dit Martin… Henri l'a peut-être vue…

Martin avait raison, Henri avait aperçu Nathalie. Tôt le matin. Il lui avait offert un café.

– Et elle vous a dit quelque chose ? a demandé Martin.

– Elle a parlé d'une promenade, je crois. Peut-être le long du Rhône… je ne sais plus. Elle était un peu triste.

– Oh là, là… a dit Patricia.

– Oh là, là, quoi ? a demandé Régis.

– Si tu sais quelque chose, il faut le dire, a dit Marais.

Patricia ne savait pas grand-chose. Elle trouvait seulement que Nathalie avait changé ces derniers jours.

– Depuis le spectacle où nous sommes allés

voir ce comédien, dans sa cave. Elle l'a revu. Il la trouve jolie… Je crois qu'elle est amoureuse… Hier, elle pleurait…

– Elle est jolie, c'est sûr, a dit Maréchal.

– Oui, jolie, mais beaucoup trop jeune.

– Mon Dieu, a dit Sandrine, j'espère qu'elle ne va pas…

– Tu es folle, a dit Patricia, je la connais, elle ne ferait pas ça.

– En tout cas, il faut la chercher, a dit Maréchal.

Alors, nous sommes partis, deux par deux, et nous avons cherché dans toute la ville, puis des deux côtés du fleuve.

Nous avons marché pendant près de deux heures. Nous étions désespérés.

– Il faut revenir au lycée, a dit Marais.

Et elle était là, avec son comédien. Ils étaient seulement allés aux Saintes-Maries* voir la mer.

– Bon, a dit Marais, ça arrive… Allez ! Maintenant, on répète une dernière fois.

Chapitre IV

Les rencontres devaient durer deux jours. Les cinq premiers collèges jouaient le mardi. Nous, nous passions le mercredi.

– Regardez les autres si vous voulez, autrement reposez-vous, avait dit Marais.

Nous avons, bien sûr, regardé les autres. Nous avons fait aussi connaissance avec le public et surtout avec le jury. Ah ! le jury… Ce qu'il nous faisait peur ! Il était dirigé par un grand chef du ministère de la Culture, et des responsables du festival… et quelques artistes… et des professeurs…

– Ne vous inquiétez pas, disait Marais. Ils sont très gentils.

Les premiers spectacles nous ont un peu rassurés*. L'ambiance était assez sympathique.

Les spectacles, eux, n'étaient pas très bons.

Un collège de Pau donnait *Le Médecin malgré lui**, et ceux du Nord, près de Lille, *Le Malade imaginaire**.

Les trois autres pièces n'ont pas eu beaucoup plus de succès.

Les Alsaciens, dont on disait du bien, n'ont pas été mauvais dans *Un Chapeau de paille d'Italie*, de Labiche*. Pas mauvais… mais pas plus.

Enfin, un collège de Clermont-Ferrand, avait choisi d'écrire son texte. «Il ne suffit pas de l'écrire», a dit un spectateur, «il faut aussi le jouer !» Les pauvres, quelle catastrophe !

Le soir, nous devions nous coucher tôt, pour dormir. Dormir ? C'était facile à dire. Longtemps, j'ai cherché le sommeil*. Parfois, je ne savais plus si j'étais réveillé ou si je rêvais. Il m'arrivait plein de malheurs. Évidemment, d'abord, c'était Nathalie qui n'était pas là. Après, c'était moi qui étais perdu. Je me promenais dans les petites rues d'Avignon et je ne retrouvais plus le lycée Frédéric Mistral. Plus tard, Sandrine m'appelait. Sans résultat… «Pascal, vite, vite, c'est à nous de jouer.» J'essayais de lui répondre, mais je n'avais plus de voix* ! J'étais un comédien qui ne pouvait ni marcher, ni parler.

À côté de moi, Martin petit savant se tournait et se retournait dans sont lit. Un moment, il m'a demandé :

– Tu dors ?

– J'essaie…

– J'essaie aussi, mais je n'arrête pas de penser à notre pièce. Tu crois qu'on a une chance ?

– Je ne sais pas…

– Ce sera déjà bien si on n'est pas ridicule, comme ceux de Clermont.

– C'est vrai, a dit Martin, en éclatant de rire, les pauvres !

«Silence !» a crié quelqu'un. Nous nous sommes endormis, enfin. Et soudain, le matin est venu.

*

*   *

«*La Raison du plus fou*, par le collège de Sainte-Mère Église», a annoncé un responsable.

Je suis entré le premier sur scène. Devant moi, le jury. J'essayais de ne pas le regarder. Puis, Martin est entré. Tout de suite, j'ai vu qu'il jouait bien. Les premiers rires sont arrivés. Après, tout a été très vite. À la fin, au moment de saluer, nous avons regardé Marais. Il avait son sourire, le bon. Celui que nous lui connaissions quand il était content.

Au repas du midi, on ne parlait que de nous, les petits de Sainte-Mère Église. On venait nous saluer. «C'était bien…, vraiment très bien…» Même les Parisiens sont venus nous féliciter… Nous étions très heureux, et nous commencions à y croire.

Au début de l'après-midi, c'était le tour de ceux d'Antony. Ils avaient, eux aussi, écrit leur pièce. Mais ce n'était pas Clermont, oh là, non ! Le spectacle s'appelait *La fête aux Polichinelles**. Et ces polichinelles-là venaient du monde entier.

Il y avait l'Italien Pulchinella, un joyeux fantaisiste, l'Allemand Kasperle, gros et lourd, Punch, l'Anglais, violent et mauvais, Don Cristobal, l'Espagnol, et le Turc Karagheuz, très méchant lui aussi, et le Russe, dont j'ai oublié le nom, et bien sûr, notre Polichinelle français. Une jolie bande* qui criait, buvait, chantait, courait après les filles… Le plus souvent, tous ces polichinelles se battaient, se roulaient par

terre et se disputaient en mélangeant les mots de toutes les langues.

– Qu'est-ce qu'ils sont bons ! a dit Leroi.

– Ça, c'est du théâtre ! a ajouté Marais.

Et nous, nous ne savions plus si nous devions les admirer ou les craindre*. Les autres, après cela, ont paru bien faibles. Puis, le jury s'est réuni pour discuter. Et cela a duré, duré !…

– Ça me rappelle mon baccalauréat*, a dit Marais.

Enfin, on a donné les résultats… Nous avions eu bien raison de les craindre, ceux d'Antony. Ils avaient le premier prix, nous, le deuxième et les Alsaciens, le troisième. Nous étions contents. Un peu tristes aussi. Mais nous avions été battus par les meilleurs. Il n'y avait rien à regretter.

Le soir, ce fut la grande fête. D'abord, des comédiens ont donné des matchs d'improvisation à mourir de rire. Après, on nous a offert un grand repas, avec des moutons cuits au feu de bois, un grand gâteau qui représentait le Palais des Papes.

Cette fois, nous étions plutôt gais et bavards. On devait entendre les Marseillais jusqu'à Villeneuve-lès-Avignon. Les Alsaciens chantaient des chansons de chez eux et ceux de Perpignan aussi. Ceux de Clermont oubliaient leur malheur dans le vin de Provence, ceux d'Antony oubliaient leur bonheur de la même façon et Maréchal oubliait Sandra pour faire son intéressant avec une jolie Parisienne qui, semble- t-il, ne détestait* pas les petits paysans, même Normands.

*
*   *

Nous sommes repartis aussitôt après les «Rencontres». Nous avons dit adieu* à tout, par un beau dimanche de juillet. Adieu au théâtre, à Avignon, à Henri… Et Nathalie a dit adieu à son comédien.

Pauvre Nathalie ! Moi, j'avais plus de chance, j'aurai Sandrine pendant tout le retour. Mais je savais qu'il faudrait nous séparer.

– Allons, disait Sandrine, pour essayer de me consoler*, ça va passer vite.

Cela a duré une éternité*…

Enfin, septembre est revenu… et la rentrée. Sandrine était dans la même classe que moi, au lycée de Carentan. Comme Maréchal et Leroi.

Et quand nous étions réunis dans le cour, il y avait toujours quelqu'un pour nous demander :

– Et vous, qu'est-ce que vous avez fait, cet été ?

Alors, nous répondions en souriant :

– Cet été ?… Nous avons donné un spectacle… au festival d'Avignon… Tu connais ?

FIN

PAGE 5

> **La cour de récréation** : dans une école, espace situé à l'extérieur où les élèves peuvent jouer pendant les pauses (récréations).
> **La Troisième** : dernière classe du collège (les élèves ont environ 15 ans).

PAGE 7

> **Redoubler** : quand un élève n'a pas assez bien travaillé pour passer dans la classe supérieure, il redouble.

PAGE 8

> **Passer aux choses sérieuses** : arrêter de s'amuser pour faire quelque chose de plus important.
> **Murmurer** : parler très bas pour ne pas être entendu de tous. **Une fiche** : petite feuille de papier pour inscrire des renseignements.
> **Lever la main** : à l'école, les élèves lèvent la main avant de prendre la parole.

PAGE 9

> **Rougir** : le visage de Sandrine devient rouge parce qu'elle est intimidée.

PAGE 10

> **Molière** : célèbre auteur de théâtre du XVIIe siècle.

PAGE 11

> **La Comédie française** : célèbre théâtre parisien.
> **Un café-théâtre** : petite salle où l'on peut consommer des boissons en regardant des spectacles.

44

PAGE 12

Mercredi : journée libre pour les écoliers français. **Une représentation théâtrale** : un spectacle de théâtre.

PAGE 13

Une répétition : au théâtre, quand on travaille pour préparer un spectacle, avant la représentation.

PAGE 15

Les baskets : chaussures de sport que les jeunes portent, de plus en plus, à toutes les occasions. **La troupe** : ici, groupe de personnes qui jouent au théâtre.

PAGE 16

Un savant : personne qui a un très grand savoir. Martin est appelé ainsi parce qu'il sait beaucoup de choses.

PAGE 17

Un comédien : personne dont le métier est de jouer au théâtre. **Un artiste** : personne qui exerce un art comme la musique, la peinture, la littérature, le théâtre, etc. **Un épicier** : personne qui tient un petit magasin d'alimentation.

PAGE 18

Un acteur : personne dont le métier est de jouer au théâtre ou au cinéma. **Le principal** : le directeur du collège.

45

PAGE 20

Un prix : ce que l'on reçoit quand on gagne un concours.

PAGE 23

Amoureux : Pascal aime Sandrine, il en est amoureux. **Un baiser** : Sandrine pose ses lèvres sur le bout du nez de Pascal. **Applaudir** : frapper dans ses mains quand on a apprécié un spectacle. **Poli** : bien élevé, qui a de bonnes manières.

PAGE 24

Un tract : ici, un papier qui sera distribué aux gens, dans la rue, pour les inviter à venir au spectacle.

PAGE 25

Embrasser : donner un baiser. **Le TGV** : train à grande vitesse.

PAGE 26

Une vigne : plante qui donne le raisin, fruit avec lequel on fait le vin. **Une épaule** : partie du corps où le dos et les bras se rejoignent. **Un jongleur** : personne qui donne un spectacle en lançant des balles ou d'autres objets en l'air pour les rattraper.

PAGE 28

Un garçon : dans un café, c'est la personne qui apporte les boissons aux clients.

46

PAGE 29

Un Alsacien : habitant de l'Alsace, région située à l'est de la France, près de la frontière allemande. **Perpignan** : ville du sud de la France, près de la frontière espagnole. **Un paysan** : personne qui cultive la terre. Terme employé, ici, pour se moquer de gens qui ne vivent pas à la ville.

PAGE 30

Un autographe : la signature d'une personne célèbre. **Les remparts** : hauts murs construits, autrefois, pour protéger une ville, en temps de guerre. *On y danse tous en rond* : paroles d'une chanson enfantine, *Sur le pont d'Avignon*.

PAGE 32

Une muraille : hauts murs qui, autrefois, entouraient un château ou une ville.

PAGE 33

La veille : le jour d'avant.

PAGE 35

Les Saintes-Marie-de-la-Mer : ville située sur la côte méditérranéenne.

PAGE 37

Rassurer : faire ou dire quelque chose pour qu'une personne ne s'inquiète plus.

PAGE 38

Le Médecin malgré lui et *Le Malade imaginaire* : comédies de Molière. **Labiche** : auteur de

47

théâtre du XIXᵉ siècle. **Chercher le sommeil** : essayer de s'endormir. **Je n'avais plus de voix** : je n'arrivais plus à parler.

PAGE 40

Polichinelle : personnage comique de théâtre avec deux bosses sur le dos et un nez rouge. **Une bande** : ici, un groupe de personnes.

PAGE 42

Craindre : avoir peur de quelqu'un ou de quelque chose. **Le baccalauréat** : examen de fin d'études secondaires, au lycée, qui permet d'entrer à l'université.

PAGE 43

Détester : ne pas aimer, haïr. **Dire adieu** : dire au revoir à quelqu'un quand on sait qu'on ne le reverra pas. **Consoler** : parler à quelqu'un pour qu'il soit moins triste. **Une éternité** : temps qui n'a pas de fin.

Aubin Imprimeur
LIGUGÉ, POITIERS

Achevé d'imprimer en novembre 1995
Nº d'édition 10031533-(IV)-(6)-OSBT 80
Nº d'impression L 8401
Dépôt légal novembre 1995
Imprimé en France